만인시인선·66

오래된 거울

김명희 시집

오래된 거울

만인사

자서

　느지막한 나이에 시라는 화두를 붙들고 용을 쓰다가 보내버린 세월이 강물처럼 아득하기만 하다. 그걸 또한 염주알 굴리듯 가슴에 묻어둘걸 세상에 선을 보인다니 가당찮은 일임에는 틀림이 없으리라.
　그러나 어쩌랴. 슬하의 식솔들에게 어미로서의 곡진한 애정이 묻어 있기를 바라는 마음에서이다.
　작품은 자식과 같다고 했던가. 불완전하더라도 나의 자식이듯 나름대로 최선을 다한 이 시집을 올 연초에 이승을 뜨신 어머님 영전에 삼가 바칩니다.

차 례

자서 —————— 5

1

혼적 —————— 13
저녁 강가에서 —————— 14
파 —————— 15
빈집 —————— 16
빈집이 아니었다 —————— 17
빈 꿈 —————— 18
대문 —————— 19
빈 골목 —————— 20
밥상을 받고 —————— 21
비닐꽃을 피우다 —————— 22
담을 넘자 —————— 23
나는 점일 뿐이다 —————— 24
바람맛 —————— 25
파향 —————— 26

차 례

2

노숙자벌 —————— 29
쨍한 봄날입니다 —————— 30
0시의 존재들 —————— 31
섬과 섬 사이 —————— 32
노을과 참새 —————— 33
킬링 필드 —————— 34
오래된 거울 —————— 35
일간 신문 —————— 36
폐선은 바다를 꿈꾸고 —————— 38
염전 거두는 날 —————— 40
아직도 은빛 바퀴는 —————— 41
너는 혼자다 —————— 42
낙엽들의 함성 —————— 43
사례들다 —————— 44

차 례

3

봄의 전장 —————— 47
바람에 흔들리는 이유 —————— 48
봄날의 빈 오후 —————— 49
모꼬지 —————— 50
식물도 통신을 보낸다 —————— 51
나팔꽃 내숭 —————— 52
스토커 —————— 54
여름 저녁 —————— 55
달빛 사냥 —————— 56
달빛 이야기 —————— 57
추석 —————— 58
가을, 몸을 던지다 —————— 59
골짜기에 눈은 더 하얗다 —————— 60
등대지기 —————— 61

차 례

4

실을 감으며 ——————— 65

사각퍼즐 ——————— 66

혼자인 것은 없다 ——————— 68

나를 가두는 것들 ——————— 69

경건한 선물 ——————— 70

길이 굽어야하는 이유 ——————— 72

메꽃에게 ——————— 73

황혼 이혼 ——————— 74

은해사 ——————— 75

오어사 ——————— 76

만장 ——————— 77

| 해설 |

무거운 몸의 가벼운 자리바꿈 / 송현지 ——————— 78

1

흔적

물새 한 마리
또박또박 제 발자국 끌고 간다
하나이면서 하나일 수 없는
두 줄의 각인
삶의 무게만큼 눌린 홈은
차오르는 눈물인 듯 밀려오는 물살에
금방 채워진다
한 발 내딛다가 돌아보면
사라진 흔적들
아득히
내 그림자도 지워지고 있다

저녁 강가에서

하루를 되새김질하며 강물이 흐른다
힘든 날이었다고 바람이 달려와
귓속말로 달래주는지 강물에
찰랑찰랑 허리 잠긴 창포들
가끔씩 저린 몸 흔든다

강 끝 붉은 어둠이
콘트라베이스 무거운 음색을 안고
낮게낮게 포복해온다
물 속 왜가리 한 마리
잠긴 발을 찾는지
떠오르는 얼굴 지우려는지
따옴표만 자꾸 찍어댄다

파

속이 없습니다
속 비우느라 맺힌 가슴이
그처럼 매운 향으로 피워내나 봅니다

바늘 같은 제 정수리는
나비에게 쉼터로 내어주고
아픔을 녹인 끈끈한 정으로
솜털 산방꽃 피워
하늘 바라보며 허허 웃고 있습니다

속은 없어도 뼈은 살아있다고
하늘 찌를 듯 꼿꼿이 서 있습니다

빈집

풀들만 고개짓하는 사위 속
품 너른 마당에
흘깃하는 바람, 무심히 들여다보는 하늘들
들어온 것은 못 나간다며
빗장 지른 대문
어깨 빠진 돌쩌귀 매달려 힘겹다
대책 없이 하늘 한 켠 눈 박고 서 있는
감나무에 기대선 속 빈 안테나
녹슨 눈 밝히며
돌아올 이유 없는 이유들만 선하는,
동! 동!
종바가지 부딪치는 장독에 유유한 감잎 난파선
고추잠자리 앉을까 말까
뻔질나던 곳간 쥐구멍에 거미가 살고 있었구나
죄 없는 것끼리 그렇게 저렇게 살아가는
외로운 외딴섬

빈집이 아니었다

풀잎들 숨죽인 적막 같은 빈집엔
방금 누군가 나간 듯 온기가 남아 있다
강아지 적적하지 말라며 켜놓은 라디오
종일 수다 떤 사연들
벽마다 구석마다 박혀질 것

식구래야 달랑 셋
더위에 내몰려 모두 떠난 집의 쓸쓸함을
매미소리가 순환시키고 있다
휴가 갔던 이들 다시 돌아오면
맴맴 소리 박힌 그 자리 덕에
집은 시원하고 따뜻할 것

빈 꿈

콩을 담았던 하얀 비닐이
하늘로 휘익 날아오른다
그동안 몹시 무거웠던 게야
어느 날 쌓인 진흙탕에서 너덜너덜해진
너를 보게 되겠지 생각했는데
마당을 한 바퀴 휙 돌더니
구르다 쉬다 현관 앞에서 멈춘다
내 발 아래 냉큼 멀리도 날아 왔다

그래, 비웠을 때 날아갔이아 했지
날다가 어느 골짜기 나목에 꽂혀서
누군가의 이정표 노릇이라도 했어야지
구르다 밟히다 갈기 찢긴 모습 보이지 말아야지
어쩌자고 무거운 나를 싣고 날려고 하는지
빨리 떠나자며 발치에 감겨 채근만 한다

대문

굳게 다물고 있다
바깥세상 일에 관심 없다

기다리는 듯 제 가슴 열어둔 그곳
세상의 언어들 여름처럼 생생해
낯선 이도 슬쩍 끼어들곤 했었지
제 어둠 안고 돌아갈 때까지
그 대문 종일 열려 있은 적 있었지

무표정의 입
이해하는 방식이 다를 뿐 미움은 없는데
파랑새 한 마리 언제쯤
저 대문 열려나
저 고집스런 경계선을

빈 골목

뉘집 아이 동요 한 구절
내 마음 꿰어 날아오르는 저녁
민들레 다소곳한 텅 빈 골목엔
챙겨야 할 아해도 그 아해를 불러들일
엄니의 목소리도 없다

종일 기다림이 싱거웠던지
바람도 나무도 발길 서운하다
각자의 회전축 부딪치지 않게 돌아가는 저녁
술래도 숨은 이도 그림자 하나 보이지 않고
날빛 같은 유리와 콘크리트 골짜기로
쪽달 하나 바삐 밀려오면
두레상에 모인 식구들 오순도순
서로의 하루를 짜깁기한다

밥상을 받고

—저녁들은 먹었느냐
—예
—많이 먹었느냐
—예
끼니때가 되면 경 읽듯
아버지 말씀하신다

이제 나이 들어 차려온 밥상 받는다
저녁은 먹었느냐, 많이 먹었느냐
아이들 앞에서 자꾸 튀어 나온다

차려주는 밥상도
받아 먹는 밥상도
깊기는 매한가지인 것을

비닐꽃을 피우다

싱싱하게 웃고 있다
산꼭대기에 왠 낯선 노란 분리수거통 속에
재충전되었는지 쉬는 듯 누워있는
붉은 국화꽃 한 다발

뚜껑을 닫다말고 만져본다
서러운 영혼 달랬지만
서로 섞여 땀 흘리며 썩을 수도 없는 이단자
비닐이 피워낸 꽃잎들

묘지에 누운 망자보다
오랜 산 캄캄한 몸뚱어리들
다른 쓰레기들
천 년 선정에 들도록 기도하는가

어둠 깔고 앉은 악취 속에서도
통 속이 환하다
관세음보살님 광배 두른 듯

담을 넘자

곪고 곪아도 터지지 않던 상처
스스로 찔린 바늘 끝에서야 바람이 보이니
띵띵 부어올랐던 고통의 흔적들이
지금은 오히려 시원하다고
발 아래 흉하게 밍그적거려도
넘어설 수 있는 기회가 있다고
스스로 둘러싼 양심의 울타리에 걸려
누구도 걷어낼 수 없었던 장막들
나를 넘어야 나를 열 수 있고
열림이 곧 다시 설 수 있다며
이제야 솎아내려 애쓰는 야윈 웃음
그의 목덜미가 안쓰럽다

나는 점일 뿐이다

노을에 달아오른 하늘
숨이 차오른다 하루를 향한 칼끝들
거뭇한 실루엣 따라 마술처럼 풀어진다

일몰은 악녀
눈 흘기며 긴 어둠을 마시고
밤새 뒤척이다 새벽녘
빛덩이를 쏟아
어둠의 철옹성 깨우는 어머니가 된다

해 뜨기 전의 긴장감 더 다독이며
모자이크 삶 꿰맞추려
속도 속에서도 요동쳐보지만
힘껏 차오르는 당신 앞에서
나는 존재감도 없는 점일 뿐이다

바람맛

세상살이 다— 안다는 건지
지나간 변덕들 다— 감내했다는 건지
굳어있는 풍경
바람 한끝이 일으키고

간밤에 살짝 바람맛을 본
수까치 한 마리
휘— 한 바퀴 공중제비 돌며
아침 햇살 흔든다

바람은 피워져야 흔들려야
살아있는 것이제

파향

골목 모퉁이 돌아가는 파장수
매콤한 소고기국 생각나는
그 향
진액되어 침을 모으고

탯줄로도 통했던 맵싸한 단내
엄마 손 걸러 엄마향이 난다

리어카 틈 사이 삐죽이 보이던 긴 대궁
저녁 식탁에 하얀 상아로 떠오른다

2

노숙자벌

동짓달 얇은 햇살
판자 끝 난간 벌 한 마리
가만이 웅크리고 있습니다

햇살 따라 잠깐 가출
허허로운 하늘은 나를 품어줍니다

마른 잎 하나 발끝에 닿으면
온기 있는 안방인 양 죽은 듯 꼼짝 않는데
추워서 고개 떨군 국화
손 좀 데우자며 보채기만 합니다

따스한 허공 보느라
내 방석 날아가는 것도 몰랐습니다

쨍한 봄날입니다

제재소 톱날이 손가락 세 개를 가져 갔습니다
세상을 다 살았지요
중풍이 아내를 가둬 버렸으니
세상이 모두 사라졌지요

외출 금지 당한 예쁜 아내 옷들
제가 입고 다시 태어나기로 했습니다
빨강 머리와 미니 스커트로
흰 스타킹에 하이힐까지

삼십년지기 아내를 위해
어제는 딸이었고
오늘은 젊은 날의 부인이며
내일은 지아비일 것입니다

몸은 기울었지만
서로 의지하며 가는 길
봄볕 쨍쨍한 꽃길입니다

0시의 존재들

누가 메스를 대었는지
밤이 살아나고 있다
한지에 젖어드는 검은 물빛
더 짙게 젖을수록 도시의 눈빛 깨어난다
동굴마다 등을 내걸고
상처 깊어질수록 촉수 높인다
높다랗게 걸린 전광판
낮 동안의 지구 소식 바삐 쏘아 올린다
거짓과 진실의 혼돈에 뺏긴 하루
습관만큼의 보폭만 세며 걷는 사람들
두려워하지도 흘깃대지도 않는다
어디서 바람이 불어오는지, 그 바람에
넘어질지도 모를 일상의 유리병들
위기도 모른 채 가끔 흠칫거리며 쫓기듯
몇 발짝 뛰기도 한다

섬과 섬 사이

수만 년 바람이 일렁이었고
꽃들이 자라고 새들이 노닐었어도
흐트러진 흔적 없었는데
포클레인의 둔탁한 신발 끄는 소리에
산이 지레 겁을 먹었다

누구도 파헤치지 않고는 알 수 없는
금기 하나 들어 있을 산을
하루아침에 파뒤집어 난도질해 버렸다
꿰인 듯 상처를 히히롭게 드리낸 채
기찻길에 뚝 잘려 내보인 산허리

쓰린 상처의 핏자국도 마르기 전
질긴 아스팔트로 숨통 조인 채
이산가족이 된 노루들 신음소리 버려둔 채
아랫도리 잘린 산은 섬처럼 둥둥 떠 있다

노을과 참새

저녁나절 사방으로 창이 열린 나무에 참새들 모여든다 세상 살아가는 모습이 각각 다르듯 일정한 간격 두고 앉은 방향이 제각각이다 뗏거리 잠자리 걱정도 각자의 몫인데 젖은 날개 말릴 기운도 없어 보인다 다정도 병인지라 늦잡치지 말라 애간장이 타서 나무 목에 방울을 달아 흔들었더니 그 참새들 노을이 다 잡아먹었는지 한 마리도 보이지 않는다

킬링 필드

한여름 싹쓸바람과 시간의 휘몰이에
살점도 혼도 벗겨진 나무 뼈다귀들
은밀한 숲속에서 밀려나와
진흙더미에 꽂혀 있다

개발로 마구 파헤쳐
잦아들 곳 없었던 물입자들
산 하나 통째로 삼키더니
다리 난간에 걸려 목까지 차인 채
밀려온 근심들 쌓이기만 한다

간벌목으로 팔 다리 잘린 빈 몸뚱이
깝치는 거친 물살의 회초리에
속절없이 당하고 있다
무슨 잘못을 빌고 있는지
망연자실 먼 산만 바라보고 있다

오래된 거울

 아침 신문을 읽다가 날카로운 응시자 있어 놀란 듯 고개 든다 오래된 거울에는 모습도 오래된 것 시간 흐른 흔적에 기울어진 얼굴 멍하니 갇혀있다 뉘 집 독자 기원하려 떼어간 코도 어느 맹인 밝혀줄 눈도 되지 못했는데 냄새도 모습도 어떤 기능도 할 수 없는 투명인간 하나 바라보고 있다 이탈한 영혼이 황당히 내려다보듯 사랑만이 통한다는 지순에도 벽은 두꺼워지기만 한다 시간 거미줄로 탁해진 심해 닦고 또 닦는다 끝내 거울은 속내를 보이지 않는다

일간 신문

활자로 깨어나고
활자로 잠들었다

화인으로 찍혀낸 진한 아픔들
오랜 가뭄 소나기로 적셔주기도
여린 잎들 이슬비로 골고루 숨길 펴주기도
루즈 바른 아양으로 시대를 앞서가며
검은 것이 흰 것이라 시침 뗀 일도 있었지
그래도 소중한 기념으로
고이 남겨두고 싶은 부분 있어
손쉬운 손길로 부욱 찢으면
절대 한길로 찢어지지 않는 근성
가윗날에도 사각사각 작은 신음 소리내며
길을 내주는 그 본성이
바르고 옳은 활자 찍는 고집이었다고
인정해보는 하루

국회 앞 일인 시위로

자신을 태우는 촛불
그것은 힘차게 찍혀진 활자 같은 모습으로
오래 내 기억 속에 펄럭이고 있었다

폐선은 바다를 꿈꾸고

긴 여행에서 돌아온 빈 배
빽빽하게 조여오는 몸살통은
고통인 듯 즐거움인 듯 뿌듯함에 젖는다
뭉게구름 팡파르로 피어오르는
한낮의 오수
닻줄들 널브러져 모래에 몸 말린다
팽팽하던 돛대
바람이 놀리듯 흔들고
한 집안을 이루는 부속물들 잠에 빠져
침 흘리고 있다
지구의 자전 몇 번 있었나
손끝으로 마지막 여독 빠져나가
지루해질 때쯤 부속물들
눈 비벼 바람을 불러온다
귀울음처럼 가깝게 울리는 파도소리
삶의 바다는 이제 가까이 오려하지 않아
밤이 되면 낡은 배 스스로 배밀이를 한다
차르르 차르르

물소리 나는 쪽으로 귀 열고
조금씩 조금씩 밀고 있다
팽팽한 활시위 걸고 당기던 날들 모두 갔지만
다 늙은 돛의 하루 걱정하며
산다는 것은
물에서 흔들리는 일이다

염전 거두는 날

바닷물 열 말에서 난 소금 한 됫박이
쌀보다 비싸던 시절
봉긋한 고봉밥으로 쌓여갈 때
내 새끼들 울쑥불쑥 자라고
그을린 주름 굳은살들 소금처럼 빛이 났지

며칠만 해보자던 염전길 수십 년
바닷물에 뼛가루 되어 녹아있는데
가족보다 더 가족이었던 염전꾼들
영종도 개발로 밀려나던 날
마지막 소금불에 곱살한 새우 몇 놈 얹어놓고
이별주 건네며 허허한 웃음만 허공에 흩어진다

언뜻 비치는 눈물들
어디서든 살아내 훗날 바닷물되어 만나는 날
소금기로 녹아 서로 알아보겠느냐며
막걸리 한 사발에 목울대가
이별가를 대신한다

아직도 은빛 바퀴는

저녁 해 길게 누운 대문 뒤에서
자전거 한 대 할일 없이 쉬고 있다
녹슬고 바랬으나
아직은 힘이 있어 보이는 중고품

반짝반짝 때깔 나던 젊은 시절보다
제 손 제 힘으로 닦고 길들여져
지금은 더 잘 달릴 수 있다고 중얼거리는데
높은 언덕 오를 때나
앞길 막아서는 바람 가를 때도
결코 휘둘리지 않았고
그 거친 세파 속에서도 잠시 흔들리긴 했지만
은빛 흔적 남아있는 두 바퀴는
아직도 잘 뚫린 길 질주하는 꿈을 꾸는지
비스듬히 기대어
혼자 동그라미만 굴리고 있다

너는 혼자다

양수에서 빠져나와
세상과의 만남은 뜀박질이다
이미 뱃속에서도 달리며 자랐다
멈추는 것이 곧 죽음이다

삼백만 순록 무리지어 달린다 초원의 땅 굴리며 둔탁하게 뭉쳐나는 소리는 살아가는 힘이다 들풀에 숨어 그림자처럼 뒤를 밟던 붉은 늑대들 호시탐탐 틈을 찾아내 대열을 깬다 기어코 어린 새끼 한 마리 떼어놓는다 강 둑에 넌서와 짐 흘리며 기다리는 포식자들 눈이 붉다 잡히지 않으려는 초원, 숨이 가쁘다 가로막는 강으로 뛰어들어야 한다

새끼 한 마리 잃어버린 어미
자갈에 뭉개진 발톱, 감각 잃은 정강이로
슬픔의 깊이 재며 강바닥 훑고 있다

낙엽들의 함성

간밤 문설주에 누가 회람을 돌렸나
이 골짝 저 골짝에서
낮은 소리로 빠져 나온다
상처난 낙엽들,
쉬잇! 숨 죽였다 일제히
사거리쪽으로 빠르게 몰려간다
아우네 장터 만세운동처럼

선구자는 희생에도 앞장 서는가
먼저 와 반겨주는 자들
초겨울 바람에 쓸려 검은 차에 실려 간다
낮은 소리의 발자국들 끊이지 않고
길을 이으며 간다 그 발치에
작은 봄의 불씨들 숨겨두고

사레들다

더위에 널부러진 고무호스
물로 피돌기한다 마른 목에 사레드는지
컁! 컁! 온몸으로 트림한다

과밀하게 껴안은 쓰레기봉투
소화 부족 옆구리가 터졌다

잘 흔들지 못한 하루
해껏 젖힌 노을 때면 단내로
내 몸 근죽이다

울퉁불퉁한 실루엣 고르느라
사레가 든다

3

봄의 전장

훈기 한번으로 차렷!
검은 먼지 앞세우고 장갑차 출동
겨울잠 속에서 머뭇대던 대지
바퀴자국마다 초토화
눈을 뜨다만 제비꽃
굉음에 놀라 뒷걸음질로
제 살 찢고 나온다
속도 없는 것
굽은 허리 펼 생각 않고 사라지는
행군 군화소리만 아쉽다

바람에 흔들리는 이유

벚꽃이 분분하니
나비바람이 예까지 왔나보다
모란이 활짝 웃으면 또 비가 오겠지
반갑고 고마움에 벌어진 입 속으로
허망한 꽃향기만 들락거리고

차디찬 삭풍을 견디며
옹골차게 피워올린 꽃
짧은 봄 짧은 사랑에 그 꽃잎들
바람 앞에 흔들리는 이유는
열매맺기 위한 몸부림인 것을
나비가 일러주며 날아간다

봄날의 빈 오후

 살바람에라도 곁가지 말을 걸겠다던 꽃조무래기들 지는 것은 피우기보다 더 아파 지레 겁먹었나 쉬 눈뜨려 하지 않네요 밀어주는 아픔들의 노고 있어 다시 피어날 수 있다고 말하지 않았나요 가지 끝의 마지막 물방울 풀잎 위로 황망히 미끄러져 사라지네요 뚫으면 끝내 아무것도 없다는 색즉시공은 보라색으로 태어나 하얀색으로 사라지는 쟈스민꽃 4월이 다가도록 웃지 못하는 산수유 흰색을 준비하고 있는 것인지 건조한 시침소리만 빈 마당을 흔듭니다

모꼬지

희뿌연 유리벽 한 켠 그늘진 곳
부산함이 일고 있다
새인지 나뭇잎인지 같은 색 같은 무늬
이방인들 바벨 언어 중이다

영산홍 빨간 꽃잎일 때 그 굴뚝새 놀러 왔을까
심한 낯가림에 그늘조차 피해 갔을 테지

제 몸 가려주는 환한 햇살 아래
낯설이도 손 비벼대며 파고들기만 하는

애살맞은 겨울바람도 인심 쓰듯
입김 한번 훅 불어주고 간다

식물도 통신을 보낸다

뜨. 거. 운. 땅김에 절여진 낮은 풀
외줄로 매달린 화분이 육중한 종처럼 흔들리고
수신호 받은 석류 작은 가지로 푸른 소식 타전하자
스크루지 측백은 못 들은 척 헛기침이다
사려 깊은 오동은 발밑으로
살랑살랑 바람 내려 보낸다
작은 토끼풀들이 흔들리며
까르르 웃는다
감전된 듯
내 머리카락도 일어서며 손을 흔든다
하르르 하르르 응답을 타전한다

나팔꽃 내숭

창문가에선 진분홍 입술로 유혹하다가
어떤 것은 차가운 전선 오르며
쪽빛으로 청승을 떨다가
빨간 벽돌 담장에선
보랏빛 눈매로 억지웃음 흘리기도 하더니
기어이 그 끈적한 밤을 허락 받았는지
희붐한 새벽이면
미농지 같은 뽀얀 얼굴로 생글생글 웃다가도
지 행실 다 본 붉은 해 중천에 이르면
"시는 아무 것도 몰라예"
주리 배배 틀며 얼굴 감추는 저 왕내숭

저녁 무렵이 되자
"오늘밤 바람이 잠드는 시간 어때예?"
천지 의지할 곳 없다며
스믈스믈 아랫도리 기어오르는
나팔꽃의 마수에 불콰해진
늙은 오동나무 그 담장 아래

검은 씨알들이 소복한 이유를
누가 알기나 할런지 몰라

스토커

깊은 밤
머릿결 가르는 기척 있어
놀란 듯 눈을 떠니
건장한 달 하나 내려다보고 있다

겁도 없이 여기저기
훑고 다닌다
손 쓸 틈도 없이
모시이불로 감췄더니
그 달 입만 삐죽댄다

어둠 속 깊은 곳 헤집고 다니는
달빛 쫓아내느라 뭐 그리 내숭이냐고
불현듯 등불 하나 올린다

여름 저녁

가로수도 전봇대도 골목도
그 가운데를 굴러가는 리어카도 허기로
더 목말라하는 여름 저녁답

리어카 끄는 채소 장수
다리도 꼬이고 내 귀도 꼬였나
"깨추나 꽃잎 사이소"
"고추나 깻잎 사이소"로 고쳐줄 이 하나 없는 빈 골목
몇 봉지 남은 채소 뭉크러지기 전
"매운 꼬추 있어예?"
슬리퍼 끄는 소리만 이명처럼 울리는
더위에 지친 여름 저녁
"깨추나 꽃잎 사이소"

달빛 사냥

달빛이 어둠을 투시한다
뢴트겐 사진 속 물 빠진 흰 뼈들
오체로 경배하듯 누운 질경이
땅 위의 시름 모르는 척
몰래 고공의 흔들림을 즐기는 미루나무
어둠 속에서는 어둠의 직조일 뿐
살점 없는 것들끼리 부딪히며
몸 뒤집을 때마다 꺾이는 소리로
살아 있는지 서로들 안부를 묻는다

달, 무음이 흐르듯 서서히
가면을 밀어낸다
제각기 퍼질러 있던 흰 뼈들
놀란 듯 황송한 듯 달빛옷을 입는다
달빛 다 가기 전
진실이 눈 부라리며 등장하기 전
사육제는 점점 더 낭자해진다

달빛 이야기

해 저녁부터 심상치 않았다
갯바위 발목 간질이는 작은 물소리만 남겨두고
바다는 일찌감치 하늘을 품에 안는다
하늘과 바다 한 무리되어
그 어둠속에서도 희뿌옇게 젖어들면서
보름달 밀어올리는 밤의 사육제
소곤소곤 숨죽인 웃음소리 가득하다

빙 둘러선 밤의 울타리
달빛이 하늘 가운데 떠 있는 둥근 안테나에
교신을 보내고 있다 잠시 뒤
금실 수놓은 검은 시폰 두른 여인들
열기 가득한 눈으로 모여든다
바다는 제 몸 열어 보이고 싶어
종일 잔파도로 조급질이다

추석

고샅길 지나
소복이 달빛 이고 있는
둥그런 초가지붕 위
어미 젖줄 따라 박들 주렁주렁 열렸다
햇빛을 모셔다가 달빛 물어다가
여름내 땀 마를 날이 없었을 텐데

뿔뿔이 제 길로 흩어져
가슴에 묻어나던 아린 자식들
이제 보이지 않는 실신 슭기 따라
어미 곁으로 돌아오고 있다
흥이 난 누런 들판길로
제각기 박씨 물고

조랑조랑 작은 박 끄는 소리가
잠든 동네를 깨운다
여문 박 속이 따글따글거리며
가슴 젖혀 빛나고 있다

가을, 몸을 던지다

봄은 뭉툭 짤린 몸통에서
손가락 같은 새 가지를 밀어올린다
그 가지들 여름을 딛고 서서
핑퐁 라켓처럼 폭염을 되받아치며
가끔씩 퍼붓는 빗방울도
요리조리 피하는 여유까지 부렸다
미욱한 시간은 조금씩 찬바람 몰아와
세상 것들 기를 죽인다
물관 멈춘지 오래
푸석푸석 말라가는
붉고 누른 상처, 오동잎들
혼처럼 너풀거리며 세상의 끝자락
벼랑으로 뛰어내린다
겨울 초입 받아 마신다
먼지의 흔적도 일지 않는다
나의 정제된 물이 봄을 세우리라

골짜기에 눈은 더 하얗다

쉬—ㅅ
말하지 말라
불씨 지피고 있는지
나무들 눈을 내리깔고
눈이 내리고 있다
저린 이야기들 잊으려 애쓰지 말고
잠시 침묵하고 빠른 걸음 멈추어 서서
뒤돌아보라고 하얗게 하얗게
눈은 나를 막고 있다

고샅길 숨긴 눈밭 위로
총총 제 길 만들고 사라진 박새
어디로 갔을까
방향도 모르는 내 무겁고 검은 발자국들
하얗게 용서하며
눈이 내리고 있다

등대지기

그늘의 경계선
빛이 그 명줄을 흔든다
어둠이 깊을수록 외로운 빛들
도드라져 더 선명해진다

비벼댈 언덕도 없어
길 위에 버려진 노숙자에게
하얀 목도리 걸어주던 그녀

4

실을 감으며

실을 감으니 알겠다
여울에 풀어놓은 황토 입힌 광목처럼
삶이 그리 쉽게 풀어지지 않음을

실을 감으니 알겠다
강에 드리운 낚싯대 밑밥처럼
사랑이 그리 쉬이 감기지 않음을

실을 감으니 알겠다
둘이가 하나일 수 있는 부부처럼
중심이 기울줄 알아야 헝클어지지 않음을

끝모를 미로 속에서 헤매는 그 매듭
풀어야할 숙명이 내게 있음을
실을 감으니 알겠다

사각퍼즐

모서리들이 나를 긴장시킨다
퍼즐놀이로 시작되는 오늘
네모들이 나를 조여 온다
그러고 보니 모두가
외나무다리에서 각을 세우고 있다

각진 창문으로 아침을 받아내고
침대는 준비된 자세로
나의 긴장을 안아주려 기다리고 있다
둥근 바퀴에 있혀 움직이는 자동차도
사무실도 인도의 블록까지도 네모다

각과 각 사이에서
바쁜 척 팽팽한 줄을 당기고 끌려가다가
그 귀퉁이를 훑으며
떨어지지 않으려 발버둥쳐야 한다
빈틈없이 호흡을 맞추느라 숨가빠하면서

내가 할 수 있는 것이라곤
식구들의 그 각진 하루를
지치도록 기다린 거실 의자에 앉히는 일
어둠 속에서 마음껏 풀어지도록
불을 꺼준다

푹 쉬거라!
또 내일 세워야할 뿔을 위해

혼자인 것은 없다

갈바람 물 위에 떨어진다
꼭다리 다 여물기도 전
헤어짐의 상처를 떨켜로 서둘러 갈무리하는
산단풍 이파리 하나 달캉,
잔돌을 타다가 여울목에서 정신을 놓다가
삭정이에 걸려 몸을 말리다가 스미듯
이끄는 젖은 물에 또 흘러간다
마르다가 젖다가 점점 말라져
떠내려 갈 기운조차 멈출 때쯤
문득 앞서거니 뒤서거니
숨어 따라온 그림자를 본다
아차, 혼자서 떠나 온 것이 아니었구나
출발점과 도착점은 이미 정해진 것
같이 서서히 물 밑바닥을 향하고 있었던가
체관과 물관으로 감아 팽팽히 당겨주던
빈 얼레, 단풍나무 어미 목은
낙엽을 혼자 외롭게 떠나보내지 않았던 것이다
늘 등 뒤에서 얼레줄 잇고 계시는 어머니처럼

나를 가두는 것들

창살도 아닌 것이
한 걸음을 떼지 못한다
내다볼 수 있는 하늘도 막혔다
옮겨 다닐 수 있는 감옥이지만
그 힘은 속옷까지 젖게 하고
발 동동 굴러서라도 감금하던 땡볕
나를 가두기는 매한가지
소낙비를 헤쳐가나 세상 숲속 헤쳐가나
모두가 내가 해야 할 일
맑은 햇살이나 바람은
가끔씩 찾아오는
삶 속의 즐거움과 같은 것

경건한 선물

언제 어디서부터인지 켜있었을
눈길 끄는 불빛 하나
먼 여정을 마무리하며
반사되어 조신스레 이동해 온다

먼 길 찾아오느라 굽이칠 때마다
작은 흔들림 왜 없었겠는가
흔들림만큼 심지는 더 단단해 있을 그 불빛
내게로 오면서 점점 밝아지더니 이윽고
문간이 환하다

세상의 벽에 씌워진 우산 아래 기다리는 이들
눈길 낮추며 손을 내민다
경건한 손 맞춤으로
또 다른 우리의 세상이 태어나고

세상 물미 트진 강아지
작은 짖음 큰 울림으로 축포를 울린다

담장 위 비둘기들
분홍빛 도는 구름 마당 한 가득 풀어놓고
눈부신 듯 날아가고

길이 굽어야하는 이유

누이의 둥근 어깨 같은 길에
조금은 감추고 쉬어 가자
그윽하고 더 넓은 하늘
새들도 직선으로만 날던가
잠깐 치솟아 오르다가 완벽한 착지를 위해
천천히 여유롭게 둥근 길 내지 않던가

들판을 여유롭게 굽이져있는 고샅길
그 들판에 첫발을 들인 자의 깊은 고뇌
속 깊은 안쪽은 아픈 꽃들 안는 어머니 품 안
굽은 바깥은 세상을 받아내는 아버지의 등
그러면서 그 길 다 끝나도록
몇 번의 변화로 곧은길 다 품어 안는
굽이의 깊은 눈매

똑바른 길은 숨가쁘다
너무 솔직해 그 속 믿을 수 없어
팽팽한 그 길 끊고 싶다

메꽃에게

야트막한 산자락
도로 공사장의 간이화장실 위로
어린 메꽃 줄기가 자일을 걸고 있다
미끄러워 발 하나 디딜 수 없는 절벽,
더듬이로 조심스레 길을 찾는다

까치발 세우고
물기 없는 허공을 잡고 오른
지붕 꼭대기에 깃발은 없었다
바람에 묶여 질식한 꽃송이들과 줄기들
미처 떠나지 못한 주검들이
이승을 그리워하고 있을 뿐

하늘만 바라보며
더 위로 올라가야할 이유를 찾지 못해
메꽃 줄기는
넋을 잃고 흔들리고 있는데
바람은 말없이 춤추고 있다

황혼 이혼

처음부터 이러하진 않았어 모서리를 만나면 굽힐 줄도 알았고 절벽을 오를 땐 거머리처럼 부드럽게 밀착할 줄도 알았지 근질거리며 아파올 땐 오히려 시원하다고 귀여운 생인손앓이였다고 아내로 엄마로 며느리로 내달리느라 심해지는 아픔도 그까이것! 했었지 남편이 남보다 더 무식하고 매정하게 몰아세워도 그게 다 사랑이라고 그런데 70여 년이 지난 어느 비 오는 날 세상 바람에 벌거숭이된 큰아들에게 집칸 마련해주었다며 자기 주머니는 늙어서 비었다며 폭언과 제풀에 못이기는 손찌검이 곪았다가 터졌다가 아물었다가 점점 두꺼워진 돌덩이 티눈에 비수가 되어 목을 죄더라고 순간 미래보다 뒤를 정리해야 할 것이 바로 이 일인 것을 소리 없이 깨닫게 해준 웅웅대던 그 목소리 이제야 파내기 시작했지만 아는 놈이라 욕해주고 싶었지만 대신 훌훌 벗어 버리기 위해 칠십 년 회향* 불을 지폈다우

---

*스스로 쌓은 善根·功德을 다른 사람에게 돌려 자타가 함께 佛果의 성취를 이루려하는 것.

은해사

어린 사미승 곁눈질하다 들켰는지
기와 담장 너머 능소화 볼이 발그레하다

대웅전 뜨락 나팔꽃 옹기종기 수군거리고
저녁 반달은 구름 걷어내느라 혼자 바쁘다

절 마당 가로질러 청개구리 튀는 소리를
스님 하얀 발자국이 모두 숨겨주는데

부처님 숨소리에 눌린 바람이
추녀 끝 풍경을 슬쩍 치고 지나간다

점잖을 빼던 향나무
손바닥으로 입을 가린다

오어사

신라적 원효와 혜공의 내기에서
물고기 한 마리는 새가 되어 날아가고
한 마리는 연못에 남아 새끼를 쳤을 텐데

그 냄새 맡고
고양이들 절 마당에 저리 모여 드는가
그때 저 하늘로 날아간 새는 무심법을 듣고자
대웅전 석가의 무릎에 앉아 있고

연못은
점점 타오르는 가을산 바라보며
제 몸에 불이 옮겨 붙을까봐
가만히 숨죽이고 있다

만장

난전에서
둥그런 우산 차양 끝에 매달려
한 개도 팔려 가지 못한 채
더위에 불어터져
여름만 빙빙 돌리던
황토색 물먹은 속옷 나부랭이들
오늘은 매미의 통곡도 없이 떠나는
여름 꽃상여의 만장인가
슬픔 새긴 깃발 뒤 먼발치에서
가을이 주춤거린다

| 해설 |

무거운 몸의 가벼운 자리바꿈

송현지(고려대학교 문학박사)

 어떤 몸은 꿈이 아니더라도, 죽음을 거쳐 다시 태어나지 않아도 다른 몸이 될 수 있다. 은유가 마법처럼 '나'를 '너'로 만드는 시의 장(場)에서 시인은 수많은 '너'들의 자리를 바꾸고 자신도 자유롭게 다른 몸이 된다. 우리가 시에서 식물의 목소리를 듣거나 돌이 입을 여는 광경을 볼 수 있는 것은 이 때문이다. 시의 이러한 문법을 공유하기에, 우리는 그간 시인의 몸바꿈 앞에서도 시인이 어떻게 '너'의 몸이 될 수 있었는가를 고민하기보다는, 그가 '너'들의 목소리를 빌려 전해주는 이야기에 관심을 기울여왔다.
 그러나 김명희의 시집 『오래된 거울』은 우리가 시의 장르적 특성이란 말로 뭉뚱그려 이해하였던 저 지점, '시인은 어떻게 '너'의 몸이 될 수 있는가'에 대한 물음을 수면 위로 끌어올린다. 『오래된 거울』에서 시인과 구분

되지 않는 '나'는 자주 자신의 몸을 떠나 다른 이의 몸속에 들어가며 시의 가장 인상적인 특징들을 만들어내는데 이러한 몸바꿈이 시인의 의식과 충돌하면서 이는 그 자체로 그의 시를 이해하는 하나의 방법이 되는 것이다.

김명희의 시에서 이러한 '나'의 몸바꿈은 '너'의 옷을 대신 입어보는 현실적인 방식으로 이루어지기도 하지만(「쨍한 봄날입니다」), 그것은 주로 비현실적인 방식으로, 은밀히 진행되는 까닭에 우리가 볼 수 있는 것은 어느새 '너'의 속마음을 알고 이를 이야기하는 화자의 모습뿐이다. 가령 음전한 겉모습에 감추어진 식물의 욕망이나(「나팔꽃 내숭」) 혼자 웅크리고 있는 허허로운 벌의 마음에 대해 그가 발설할 때(「노숙자벌」), 시에는 그가 그들의 몸이 되었던 찰나의 순간은 삭제된 채 그들의 내밀한 속내를 전달하고 있는 그의 모습만이 표상된다. 이로 인해 '나'의 몸바꿈은 시인이 활유라는 전통적인 수사를 사용하는 것과 동일한 효과를 낸다.

그런데 수사가 효과적인 의미 전달을 위해 시인이 의도적으로 사용하는 기법이라고 할 때, 김명희의 이러한 몸바꿈이 의식적으로 이루어진 것인가에 대해서는 의구심이 든다. 시집에 실린 대부분의 시편에서 의인화되어 제시되고 있는 대상들과 그들의 생각과 감정을 이미 공유하고 있는 '나'를 보건대, 그는 어쩌면 대상을 보는 순간 자신도 모르게 그들의 몸속에 들어가 그들의 아픔을 자신의 것으로 삼고 있는 것으로 여겨지기 때문이다.

더군다나 김명희는 '의식적'으로는 스스로를 무거운 존재로 상정하고 있는데 이 점 역시 그의 몸바꿈이 무의식적으로 이루어진 것이라는 생각에 힘을 실어준다. 당연한 말이겠지만 자신의 몸이 무언가로 가득 차 무겁다면 다른 이들을 내 몸에 들이는 것도, 쉽게 날아올라 다른 이의 몸이 되는 것도 어렵다. 그러므로 텅 빈 비닐을 보며 자신의 무거움을 걱정하고(「빈 꿈」), 눈 위에 남겨진 자신의 발자국에서 "무겁고 검은" 자신의 모습을 확인하는(「골짜기에 눈은 더 하얗다」) 김명희가 동물과 식물을, 생물과 무생물을 가리지 않고 자유자재로 날아올라 그들의 몸속에 들어가기도 하며, 그들에게 자신의 몸속 힌 자리를 내어주기도 한다는 사실은 모순과 같이 여겨지는 것이다.

이러한 모순 앞에서 '시인이 어떻게 '너'의 몸이 될 수 있는가'에 대해 앞서 제기한 물음은 김명희의 시에 있어서는 '시인의 무거운 몸이 어떻게 이토록 가볍게, 다른 몸과 자리를 바꿀 수 있는가'에 대한 물음으로 구체화된다. 이 글은 이 모순이 어떻게 가능하였는가를 이야기하기 위해 먼저, 그의 '무거운 몸'에 대한 이야기부터 시작해보고자 한다.

무거운 몸과 해방되지 않는 기억들

『오래된 거울』에는 정확히 두 번, '나'의 무거운 몸에 대한 서술이 나타난다. 앞서 언급하였던 「빈 꿈」과 「골짜기에 눈은 더 하얗다」이다. 그런데 흥미롭게도 이 서술들은 모두 스스로가 늙어가고 있다고 생각하는 화자의 자의식과 맞닿아 있다.

예컨대 화자는

> 그래, 비웠을 때 날아갔어야 했지
> 날다가 어느 골짜기 나목에 꽂혀서
> 누군가의 이정표 노릇이라도 했어야지
> 구르다 밟히다 갈기 찢긴 모습 보이지 말아야지
> 어쩌자고 무거운 나를 싣고 날려고 하는지
> 빨리 떠나자며 발치에 감기며 채근만 한다
> ―「빈 꿈」 부분

라고 하며 가벼워진 비닐과 무거운 자신을 대조하는데 여기에는 자신의 바람대로 가벼워지지 못한 채 늙어가고 있다는 화자의 자기 인식이 자리한다. 『오래된 거울』의 곳곳에서 확인할 수 있듯 시인은 살아가는 것을 죽음에 가까이 가는 행위로 인식하고, 시간이 흘러가며 존재의 그림자가 지워지거나(「흔적」) 존재가 그 본연의

색을 잃어가며 가벼워지는 것을(「봄날의 빈 오후」) 순리로 여겼다. 인용된 시에서 몸을 비운 비닐이 하늘로 날아오르는 것은 그 이상적인 행보라고 할 수 있을 것이다.

그러나 정작 시인의 시선은 비닐이 날아오르는 모습에 오래 머물러 있지 않다. 그보다 그는 비닐이 무거워 날지 못하였을 경우 그것이 겪게 될 일들에 대해 오래 상상하는데, 여기에는 자신이 무거운 몸을 가지고 있다는 생각이 작용한 것으로 보인다. 떠나가야 할 때를 알지 못하고 무거운 몸으로 살아간다면, 그는 자신이 저 날아오르지 못하는 비닐이 그러하듯 언젠가는 찢어질 것을 알고 있다. 이에 대한 두려움으로 그는 무거운 몸을 가진 자신을 책망하고, 시간이 지나도 날아오르지 못한다면—죽지 못한다면— 추한 몰골로는 늙지 말아야겠다는 다짐을 이어나간다.

이처럼 늙어가는 것에 대한 감각을 표현하는 데 효과적으로 동원되는 김명희의 상상력은 그것이 죽음에 대한 두려움이나 늙어가는 것 자체에 대한 반감으로 귀결되지 않고 이와 같이 자신이 잘못된 방향으로 늙어가고 있다는 자책으로 이어진다는 점에서 인상적이다. 이는 「골짜기에 눈은 더 하얗다」에서도 마찬가지다.

   고샅길 숨긴 눈밭 위로

> 총총 제 길을 만들고 사라진 박새
> 어디로 갔을까
> 방향도 모르는 내 무겁고 검은 발자국들
> 하얗게 용서하며
> 눈이 내리고 있다
> ―「골짜기에 눈은 더 하얗다」 부분

눈밭 위의 박새의 발자국과 '나'의 발자국은 그 무게와 일관성에 있어서 큰 차이를 보인다. '총총'이라는 의태어를 통해 시인은 박새가 눈밭 위를 가볍게 옮겨 다니며 일정한 길을 만들고 있음을 형상화하는 반면, '나'는 "무겁고 검은 발자국들"을 그 방향마저 난삽하게 남기고 있음을 대조하여 서술한다. '나'의 발자국이 '무겁고 검다'는 것은 '나'가 눈 아래의 검은 땅이 보일 만큼 깊숙이 눈을 밟을 수 있는 무게를 지니고 있기 때문일 텐데 시인은 이 발자국의 모습을 통해 '나'가 살아온 길들을 나타내는 동시에 그 무게에서 삶의 무게를 짚어낸다. 즉, '나'가 내디뎌 온 발자국은 '나'의 삶의 무게만큼이나 깊은 흔적을 남기는 것이다.

이처럼 김명희의 시에서 '무거운 몸'이 그의 삶과 연계되어 그가 삶을 성찰하는 과정에서 표상된다는 점에서 김명희에게 '나'의 무게는 시간의 흐름과 밀접하게 관련되어 있음을 알 수 있다. 정리하자면, 김명희는 '나'가 점점 더 무거운 몸을 갖게 된 데에서 시간의 영향을 보고 있는 것이다. 여기에는 기억에 대한 시인의 독특한 상상력이 작용한다.

> 풀잎들 숨죽인 적막 같은 빈집엔
> 방금 누군가 나간 듯 온기가 남아 있다
> 강아지 적적하지 말라며 켜놓은 라디오
> 종일 수다 떤 사연들
> 벽마다 구석마다 박혀질 것
>
> 식구래야 달랑 셋
> 더위에 내몰려 모두 떠난 집의 쓸쓸함을
> 매미소리가 순환시키고 있다
> 휴가 갔던 이들 다시 돌아오면
> 맴맴 소리 박힌 그 자리 덕에
> 집은 시원하고 따뜻할 것
> ―「빈집이 아니었다」 전문

빈집에 켜 둔 라디오에서 흘러나온 사연들과 빈집에 흘러 들어간 매미소리가 사라지지 않고 모두 그곳의 벽에 박혀있다는 저 상상의 기저에는 다른 이라면 지나쳐 버릴 사소한 소리들이라도 모두 몸 안에 모으고 있는 시인의 '몸'이 있다. 이러한 소리들이 당시의 시간과 감각을 환기한다는 점에서 이를 '기억'이라는 말로 바꾸어 말해도 좋을 것이다. 그것의 의미나 가치를 평가하지 않고 들리는 족족 그 소리들을 모두 몸에 받아들이는 저 벽과 같이 시인은 일상의 작은 사건들을 잊어버리지 않고 모두 몸속에 간직하며 거대한 몸이 된다. 『오래된 거울』이 일상의 소소한 기억들로 채워져 있는 것은 이 때문이다. 김명희에게 시간은 사라지지 않고 다른 물질로 변환되어 몸속에 계속해서 쌓이는 까닭에 시간이 갈수록 그의 몸은 이 기억의 무게들로 점점 더 무거워진다.

기억의 힘과 공감의 미학

시간이 갈수록 쌓이는 기억들로 몸이 점점 더 무거워지고 있다는 그의 상상은 기억이란 쉽게 지워지지 않는다는 생각을 내포한다. 기억에 대한 다른 시에서 김명희는 이러한 자신의 생각을 다시 한 번 명확히 보여준다.

강 끝 붉은 어둠이
콘트라베이스 무거운 음색을 안고
낮게낮게 포복해온다
물 속 왜가리 한 마리
잠긴 발을 찾는지

떠오르는 얼굴 지우려는지
따옴표만 자꾸 찍어댄다
―「저녁 강가에서」 전문

 시인은 부리로 물을 찍어대고 있는 왜가리의 모습을 보고 왜가리가 강물 위에 비치는 자신의 얼굴을, 혹은 떠오르는 누군가의 얼굴을 지우고 있다고 상상한다. 이를 단순히 왜가리의 자맥질을 형상화한 것으로 볼 수도 있지만 그가 이를 "따옴표만 자꾸 찍어"대는 행위에 빗댐으로써 이는 기억의 현상을 적확하게 보여주는 비유로 자리매김한다. 일반적으로 누군가의 말을 가져오거나 그 내용을 강조할 때 따옴표를 찍는다는 점을 생각해 볼 때 이는 우리가 의식적으로 어떠한 기억을 지우려는 순간, 그 기억이 머릿속에 선명하게 다시 각인되는 아이러니한 경험을 환기하기 때문이다. 왜가리가 부리로 물을 쪼았을 때 그 아래의 물들이 갑작스레 수면 위로 올라가는 것처럼 우리가 기억을 지우려 할 때 순간적이나마 더욱 선명해지는 기억은 그 기억과 연계된 다른 기억들도 함께 우리의 의식으로 끌어올린다. 그러한 까닭에 우리가 기억의 무게를 덜어내는 방법은 그것이 언젠가는 잊히기를 기다리는 것 외에 없을지도 모른다.
 그런데 기억에 대한 김명희의 상상과 관련하여 이 시

에서 우리가 더욱 유의하여 보아야 하는 것은 왜가리의 저 행동을 보고 그가 처음으로 던진 다음의 말이다.

> 물 속 왜가리 한 마리
> 잠긴 발을 찾는지(…)
> 따옴표만 자꾸 찍어댄다

언뜻 보았을 때, 왜가리의 행동에 의문을 제기하는 듯 그가 무심히 내뱉은 이 말은 자신의 발이 어디에 있는지도 모르는 왜가리의 우둔함을 나타낸 것으로 여겨진다. 그러나 이 구절은 『오래된 거울』에 반복적으로 제시되는 기억에 대한 김명희의 근원적인 인식을 담고 있다.

『오래된 거울』에서 시인은 현재를 이해하는 가장 중요한 열쇠를 적층된 기억에서 찾는다. 겨울 다음에 봄이 오는 시간들을 수십 번 겪어 보았기에 그는 자신의 삶 역시 그러한 흐름에 속해 있다는 것을 깨달으며(「봄날의 빈 오후」), 처음 당하였을 때는 그 의미를 짐작할 수도, 해결할 수도 없는 일들을 반복적으로 경험하면서 그것의 의미와 올바른 삶의 방향을 가늠하게 되었다(「황혼 이혼」). 삶의 어둠이 낮고 짙은 음색으로 그에게 전해질 때 그는 저 왜가리와 같이 여러 번 과거로 자맥질한다. 왜가리가 그 기억들을 따옴표 찍어댐으로써 자신이 어디에 있는가를 알 수 있었던 것처럼 '나'는 이 기억들을 떠올리고 복기함으로써 현재의 '나'를 이해하게 되었다.

물론 이러한 기억들은 현재의 '나'에 대한 이해를 넘어 시인에게 삶의 의미를 이해하게 해주는 것이기도 하였다. 매일의 밥상들이 누적되며 그는 그것의 깊이를 알게 되었고(「밥상을 받고」), 파의 하얀 속살에서 귀한 상아가 빛나는 모습을 발견할 수도 있었다(「파향」). 웬만큼 눈이 밝지 않고서는 볼 수 없는 장면들과 귀가 밝지 않고서는 들을 수 없는 소리들을 그가 몸속에 모두 모음으로써 이 소소한 것들은 시간이 더해지며 장대한 아름다움으로 변화한다. 그 과정에서 '나'는 더욱 깊고 넓은 눈으로 삶의 의미를 새로이 이해하게 되었던 것이다.

삶에 대한 이해는 필연적으로 '나'와 함께 삶을 살아가고 있는 수많은 '너'들에 대한 이해를 동반한다. 아슬아슬하게 절벽을 타고 올라가고 있는 메꽃의 마음을 알 수 있는 것도(「메꽃에게」), 이방인으로 살아가야 하는 이들에 대해 공감할 수 있는 것도(「킬링 필드」) 그들과 비슷한 경험을 해봤거나, 그러한 '너'들을 오래 보아 온 '나'의 시간들이 있어 가능한 일이다. 언제 넘어져 깨질지 모르는 "일상의 유리병들"(「0시의 존재들」)과 같은 우리의 삶을 어루만지며, 그가 힘든 삶을 살아내는 '너'

들의 걱정과 아픔을 자신의 것으로 삼는 것은 그러므로, 오롯이 시간의 힘이다.

> 비벼댈 언덕도 없어
> 길 위에 버려진 노숙자에게
> 하얀 목도리 걸어주던 그녀
> ―「등대지기」 부분

 '나'가 우리 사회에서 소외되어 온 작고 약한 이들, 버려지거나 관심받지 못한 이들의 몸속에 들어가 그들의 목소리를 내면서 그의 시는 어두운 곳을 비추는 "등대지기"가 된다. 이는 상투적인 표현일지 몰라도 "각자의 회전축"이 "서로 부딪치지 않게 돌아가는"(「빈 골목」)데에만 집중하는 개인주의의 시대에서 다른 이들을 위해 환히 빛을 비춰주는 그의 시를 이처럼 적확하게 표현하는 다른 말을 찾기는 어려울 것이다.
 시인은 노숙자를 위해 목도리를 걸어주는 '그녀'를 포착하여 그를 "등대지기"라 명명하였지만 정작 『오래된 거울』에서 우리가 포착하는 것은 '너'들을 혼자 두지 않으려는 시인의 모습이다. 그는 무겁게 쌓아올린 자신의 기억들을 따옴표 침으로써 우리의 방향을 바로 잡아 주고, 그 무거운 기억들을 몸속에 간직함으로써 함께 살아가는 수많은 '너'들의 아픔을 자신의 것과 같이 이해하게 되었다. 그래서 김명희에 한해서는 다음의 말은 더 이상 모순이 아니다. 그의 무거움은 그를 가볍게 다른 몸으로 자리 바꾸게 한다.

가벼워지는 몸과 시의 탄생

그런데 그의 무거운 몸에 대한 이 결론에는 그가 자신의 무거움을 푸념하듯 말하였다는 사실이 빠져있다. 이 무거움이 결론적으로는 '나'와 '너'를, 그리고 우리의 삶을 이해하게 하는 힘이 되었을지 몰라도 김명희의 화자는 분명, 이 기억들이 자신을 자유롭게 날아오르지 못하게 짓누르고 있다고 인식하고 있었다. 이는 이 시집의 표제작이기도 한 「오래된 거울」에서도 마찬가지인데, 시인은 오랫동안 자화상 모티프로 활용되었던 거울을 가져와 다음과 같이 적는다.

아침 신문을 읽다가 날카로운 응시자 있어 놀란 듯 고개 든다 오래된 거울에는 모습도 오래된 것 시간 흐른 흔적에 기울어진 얼굴 멍하니 갇혀있다 뉘 집 독자 기원하려 떼어 간 코도 어느 맹인 밝혀줄 눈도 되지 못했는데 냄새도 모습도 어떤 기능도 할 수 없는 투명인간 하나 바라보고 있다 이

탈한 영혼이 황당히 내려다보듯 사랑만이 통한다는 지순에
도 벽은 두꺼워지기만 한다 시간 거미줄로 탁해진 심해 닦
고 또 닦는다 끝내 거울은 속내를 보이지 않는다
　―「오래된 거울」 전문

　자신의 삶이 어느 누구에게도 도움이 되지 못하였다
는 생각에 시인은 스스로를 존재하지만 존재하지 않는
것과 같은 투명인간에 빗댄다. 자신을 투명인간에 빗대
었기 때문일까. 그의 오래된 거울에는 더 이상 그가 비
치지 않는다. 시인은 곧 시상을 전환하여 그가 거울 속
에 비치지 않는 것은 시간이 가며 두껍게 쌓여가는 벽
들 때문이라 적는다. 거울을 보던 그가 거울 속과 거울
밖에 동시에 존재한다는 점에서 '(벽들로 인해) 거울이
속내를 보이지 않는다'는 저 구절은 두 가지 방식으로
읽을 수 있다.
　먼저, 거울 밖에 있는 그가 거울에서 아무것도 볼 수
없는 것은 "시간의 거미줄"이라는 말에서 알 수 있듯 화
자의 각막이 노화되어 혼탁해지면서 시야를 흐리게 하
기 때문인데 시인은 이러한 눈을 가진 '나'를 보여줌으
로써 자신이 어떤 것을 정확히 보기 어려워졌음을 고백
하고 있다고 볼 수 있다. 그런데 '나'는 이 거울 속에 있
었던 존재이기도 하다는 점에서 탁해져 그 속내를 보이

지 않는 거울은 어떠한 것도 비출 수 없게 된, 그리하여 거울 속에 아무것도 담지 못하는 '나'의 상황을 반영하는 것으로 읽히기도 한다.

  후자의 관점에서 볼 때 이 벽은, 거울 밖에서 거울을 보고 있는 '나'의 벽이 아니라 거울 안에서 점점 두꺼워지는 벽을 가리키는 것이 되는데 벽들이 점점 두꺼워지며 어떠한 것도 투명하게 비추지 못하는 거울이란 앞서 우리가 살펴보았던 과거의 기억들을 상기하게 한다. 앞서 우리는 그의 기억들이 쌓이는 과정을 함께 읽어나가며 '연륜이 쌓인다'는 관용적인 표현을 이해할 수 있었지만 「오래된 거울」에서 시인이 이 벽을 방해물로 인식함으로써 우리는 이 겸손한 시인이 시간이 흘러가며 두꺼워진 이 벽이, 다시 말하자면 이 시간의 무게들이 오히려 세상을 바라보는 데 아집으로 작용할 것을 염려하고 있다는 것을 짐작할 수 있다. 기억은 우리가 세상을 이해하는 데 도움을 주는 한편, 세상과 우리 사이를 가로막는 단단한 벽이 되어 오히려 '나'의 모습을 정확히 볼 수 없게 하기도, 새로운 것들을 투영하거나 담지 못하게 하기도 하는 것이다. 점점 무거워지는 자신의 몸을 안타까워하며 그가 폐선의 움직임을 떠올리는 것은 이 때문이다.

긴 여행에서 돌아온 빈 배
뻑뻑하게 조여오는 몸살통은
고통인 듯 즐거움인 듯 뿌듯함에 젖는다
뭉게구름 팡파르로 피어오르는
한낮의 오수
닻줄들 널브러져 모래에 몸 말린다
팽팽하던 돛대
바람이 놀리듯 흔들고
한 집안을 이루는 부속물들 잠에 빠져
침 흘리고 있다
지구의 자전 몇 번 있었나
손끝으로 마지막 여독 빠져나가
지루해질 때쯤 부속물들
눈 비벼 바람을 불러온다
귀울음처럼 가깝게 울리는 파도소리
삶의 바다는 이제 가까이 오려하지 않아
밤이 되면 낡은 배 스스로 배밀이를 한다
차르르 차르르
물소리 나는 쪽으로 귀 열고
조금씩 조금씩 밀고 있다
팽팽한 활시위 걸고 당기던 날들 모두 갔지만
다 낡은 돛의 하루 걱정하며
산다는 것은
물에서 흔들리는 일이다
　—「폐선은 바다를 꿈꾸고」 전문

더 이상 삶의 바다가 가까이 다가오지 않는 폐선은 늙어가는 김명희의 화자를 보여주는 이 시집의 가장 좋은 상징이다. 긴 여행에서 돌아온 이 늙은 배는 팽팽하던 젊은 시절의 기억들을 여전히 간직하고 있지만 지친 닻줄과 늙은 돛대에서 알 수 있듯 그 육체는 점점 쇠락해가고 있다. 그런데 시인은 이 폐선이 자신의 몸을 가만히 멈추고 있는 것이 아니라 물의 흐름에 몸을 맡기며 스스로 조금씩 배밀이를 하고 있는 것을 발견한다. 자신을 조금씩 바다 쪽으로 밀어가며 삶의 바다에 가볍게 몸을 띠우는 저 늙은 배의 능동적인 움직임. 이 움직임을 통해 폐선은 자신의 무게를 조금씩 덜어내며 배를 대고 기어가는 아이의 몸으로 거듭난다.

 그 모습이 시인에게 어떠한 영감을 주었던 것일까. 시인은 저절로 자신의 몸이 가벼워지는 것을 기다리지 않고 저 폐선과 같이 능동적으로 몸을 움직이는 것을 택한다. 시인이 택한 이 움직임이란 시를 쓰는 행위, 즉 몸속에 박혀있는 그 작은 기억들을 뽑아내어 시에 하나씩 담아내는 것이다. 그는 기억의 벽들이 더 이상 자신과 세계 사이를 가로 막지 못하게 하기 위하여 자신의 몸속에 켜켜이 쌓여 있던 시간의 무게들을 조금씩 덜어낸다. 그 과정에서 기억은 시가 되었고 그는 조금씩 가벼워진다.

그러므로 이 글을 시작하며 적었던 '시인은 꿈이 아니더라도, 죽어 다시 태어나지 않아도 다른 몸이 될 수 있다'는 말은 김명희에게 있어 두 가지 의미에서 가능해진다. 먼저 그는 시간의 힘으로 수많은 '너'들의 아픔을 자신의 것으로 받아들이며 '너'들의 몸이 될 수 있었다. 또한, 그는 기억을 시로 비워내며 아이와 같이 가벼운 몸으로 거듭났다. 우리는 그의 시집을 읽으며 죽어 바닷물이 되지 않더라도(「염전 거두는 날」) 삶에서 윤회가 이루어지는 광경을 마주한 셈이다.

 이제 그는 또 다른 몸들을 들여올 준비가 되었다.

만인시인선 66
오래된 거울

초판 인쇄 2018년 6월 10일
초판 발행 2018년 6월 15일

지은이 / 김 명 희
펴낸이 / 박 진 환

펴낸 곳 / 만인사
출판등록 / 1996년 4월 20일 제03-01-306호
주소 / 41960 대구광역시 중구 명륜로 116
전화 / (053)422-0550
팩스 / (053)426-9543
전사우편 / maninsa@hanmail.net
홈페이지 / www.maninsa.co.kr

ⓒ 김명희, 2018

ISBN 978-89-6349-121-9 03810

값 9,000원

* 이 책의 내용의 전부나 일부를 사용하려면 반드시 저작권자나 만인사 양측의 동의를 받아야 합니다.
* 이 도서의 국립중앙도서관 출판시도서목록(CIP)은 서지정보유통지원시스템 홈페이지(http://seoji.nl.go.kr)와 국가자료공동목록시스템(http://www.nl.go.kr/kolisnet)에서 이용하실 수 있습니다(CIP제어번호 : CIP2018016371).